행복이 수북수북

5년
마음을 담다

행복이 수북수북
5년
마음을 담다

초판 1쇄 인쇄 2019년 10월 10일 | 초판 1쇄 발행 2019년 10월 30일 | 펴낸이 박찬욱 | 펴낸곳 오렌지연필
주소 경기도 고양시 덕양구 화신로 340, 716-601 | 전화 070-8700-8767 | 팩스 031-814-8769
이메일 orangepencilbook@naver.com | 기획 미토스 | 본문 디자인 [연;우] | 표지 디자인 강희연

ISBN   979-11-89922-07-8 (13190)

이 도서의 국립중앙도서관 출판예정도서목록(CIP)은 서지정보유통지원시스템 홈페이지
(http://seoji.nl.go.kr)와 국가자료종합목록시스템(http://www.nl.go.kr/kolisnet)에서
이용하실 수 있습니다. (CIP제어번호 : CIP2019046836)

※ 잘못 만들어진 책은 구입처에서 교환 가능합니다.

20   년

20   년

20   년

20   년

20   년

Jan.
1

서로 잘 굴러가고 있는 것이다. 다르기 때문에 세상은 큰 균형 속에서

Jan.

2

끈기 있게 하던 일을 계속하자. 그러면 많은 것을 얻을 것이다.

나는 나의 주인이 되겠다. 그래서 위대한 사람이 될 것이다.

20   년

20   년

20   년

20   년

20   년

20   년

20   년

20   년

20   년

20   년

희망의 에너지가 추진력이 되어 자아실현을 앞당겨 줄 것이다.

노력과 성실을 잃지 않는다면 앞을 향해 나아가는 우리의 한 걸음 한 걸음에

Jan.

4

뱉고 싶은 말, 한 번쯤은 삼켜라.

20   년

20   년

20   년

20   년

20   년

20   년

20   년

20   년

20   년

20   년

우리 안에 잠자고 있는 아이의 천진함을 다시금 깨운다면

아마 훨씬 명확하고 솔직하게, 단순하고 순수하게 살 수 있을 것이다.

Jan.

6

행복을 느끼는 것도, 불행을 느끼는 것도 생각의 습관 차이이다.

20   년

20   년

20   년

20   년

20   년

20   년

20   년

20   년

20   년

20   년

내가 원하든 원치 않든 이 곳간 안에 빠짐없이 차곡차곡 쌓인다.

사람의 마음은 곳간이다. 내가 한 말, 한 행동, 그로부터 얻은 것들이

부모님은 등대 같은 존재다!

부모님의 직업이 무엇이건, 사회에서 얼마나 영향력이 있건 상관없다!

중요한 것은 얼마나 오래 우리와 함께 계시는가이다!

20   년

20   년

20   년

20   년

20   년

Jan.

9

20   년

20   년

20   년

20   년

20   년

타인의 목소리에 휘둘리게 되고 결국 나 자신을 잃어버릴 수 있다.

매사 타인의 평가에 신경을 곤두세우며 살아가다가는

Jan.

10

명심하라. 좌절과 마주했을 때 실망감에 젖어 있는 것은 우리 인생에 아무런 도움이 되지 않는다.

20   년

20   년

20   년

20   년

20   년

20   년

20   년

20   년

20   년

20   년

그러면 상처는 주려고 했던 사람한테 머물게 된다.

상처를 견디는 가장 좋은 방법은 상대가 주는 상처를 받지 않는 것이다.

Jan.

12

삶은 언제나 두 가지 선택으로 이루어진다.
둘 중 어느 것을 선택하느냐에 따라 인생의 모양이 달라진다.

20   년

20   년

20   년

20   년

20   년

20   년

20   년

20   년

그 어떤 불행과 시련도 큰 파도를 불러일으키지 못할 것이다.

긍정적인 태도를 가진다면 마음이 바다처럼 넓어져

20   년

20   년

Jan.

14

좀 더 나답게, 자유롭게 살라. 그러면 갈수록 편안하고 행복해질 것이다.

행복은 다른 사람의 시선 속이 아니라 바로 나의 마음속에 있다.

20   년

20   년

20   년

20   년

20   년

20   년

20   년

20   년

20   년

20   년

Jan.
15

자신이 원하는 인생을 사는 것이다.

인생의 가장 큰 행복은 편안한 마음으로

Jan.

16

항상 자신의 내면과 감정에 관심을 가져야 한다.

마음이 황폐해진 뒤 다시 일구는 일은 아주 어려울뿐더러 효과도 크지 않다.

20   년

20   년

20   년

20   년

20   년

20   년

Jan.
17

20   년

커피 한 잔 음미하는 여유를 가져라.
푹신한 의자에서 시원한 아침 공기를 마시며

20   년

20   년

Jan.

18

차라리 자신의 존엄과 아름다움을 지키는 게 낫다.

남들의 멸시와 배척에 신경을 쓰느니

20   년

20   년

20   년

20   년

20   년

20   년

20   년

20   년

20   년

20   년

힘내라고, 힘내라고!

주위에 아무것도 없는 듯해도 많은 게 나를 위로해주고 있다!

Jan.
20

가장 할 수 있는 일이었음을 뒤늦게 깨닫는 것이다. 고통스러운 일은 실패하는 것이 아니라

20   년

20   년

20   년

20   년

20   년

20   년

---

20   년

---

20   년

---

20   년

---

20   년

그다음의 적기는 바로 지금이다.

나무를 심기 좋은 최적의 시기는 25년 전이다.

Jan.

22

20   년

20   년

20   년

20   년

20   년

20   년

20   년

20   년

20   년

20   년

돈은 가난한 자에게 베풀 때 비로소 가치가 생긴다.

사랑은 타인에게 줄 때 비로소 의미를 가지며

Jan.

24

좌우명은 어두운 밤의 등불처럼 우리가 바른 방향으로 나아갈 수 있도록 길을 비춰준다.

20   년

20   년

20   년

20   년

20   년

Jan.
25

성격, 가치관처럼 눈에 띄지 않는 섬세한 것들도 가꿔라.

20   년

20   년

20   년

20   년

20   년

Jan.

26

쉴 때 쉬어야 내가 원할 때 힘을 내어 달릴 수 있다.

휴식을 무시하고 계속 달리기만 하면 정말 필요한 순간에 힘이 나지 않는다.

20   년

20   년

20   년

20   년

20   년

20   년

20   년

20   년

20   년

20   년

Jan.
27

원망하는 마음을 내려놓고 성실하게 노력하면 기회는 자연스럽게 찾아올 것이다.

Jan.

28

인생은 원래 불공평하다. 이 사실에 익숙해져라.

20   년

20   년

20   년

20   년

20   년

20   년

20   년

20   년

20   년

20   년

하지만 적어도 새로운 세계로 통하는 관문은 만날 수 있다.

구름판을 밟고 뛴다고 해서 모두가 성공하는 것은 아니다.

Jan.

30

현명하게 거절하고 합리적으로 받아들이는 것도 요즘 시대를 살아가는 사람들에게 필요한 일반 상식이다.

20   년

20   년

20   년

20   년

20   년

20   년

20   년

20   년

20   년

20   년

고통을 많이 겪어본 사람일수록 삶의 깊이와 행복이 더해진다.

눈물을 흘려보지 않은 사람은 미소가 주는 감동을 알 수 없다.

Feb.

1

눈앞의 길이 막혔을 때는 내가 할 수 있는 일을 먼저 생각하라.

20   년

20   년

20   년

20   년

20   년

20   년

20   년

20   년

20   년

20   년

아무리 멀게만 느껴지는 꿈이라도 한 발짝 한 발짝 다가가는 게 중요하다.

Feb.

3

비로소 가장 큰 한 발을 내딛게 된다.

뭔가를 제대로 해내고자 전력을 다했을 때, 가장 어려운 일을 해냈을 때

20   년

20   년

20   년

20   년

20   년

20   년

20   년

20   년

20   년

20   년

자기만의 레이스를 펼칠 때 독보적인 존재가 될 수 있다!

상대를 의식하지 않고 자기 페이스대로

Feb.
5

 20   년

20   년

20   년

20   년

20   년

완벽한 타인은 결코 존재하지 않는다.

그저 완벽해 보이는 사람이 있을 뿐이다.

20   년

20   년

20   년

20   년

20   년

그것에 적극적으로 뛰어들어라.

자신에게 즐거움을 주는 긍정적인 경험이 무엇인지 생각하고

Feb.
7

삶이라는 긴 마라톤을 완주하기 위해 일을 한다! 누구도 일을 하기 위해 삶을 시작하지 않는다.

20   년

20   년

20   년

20   년

20   년

20   년

20   년

20   년

20   년

20   년

노력 없이 손에 들어온 작은 동전 하나가

나 태하게 만들고 탐욕과 허영에 빠지게 한다.

Feb.
9

오롯이 나 자신에게 속한 행복이 늘 넘쳐난다.

스스로 중심을 바르게 잡고 쓸데없는 비교의식을 버린다면

20   년

20   년

20   년

20   년

20   년

20   년

20   년

20   년

20   년

20   년

이를 통해 세상의 이치를 파악하라.

무엇이 옳고 그른지 생각하지 말고 그저 모든 것을 살펴라.

Feb.

11

첫발을 내디딜 용기가 있느냐 없느냐에 따라 인생이 달라진다.

20   년

20   년

20   년

20   년

20   년

20   년

20   년

20   년

20   년

20   년

염두에 두고 살아야 한다.
결국 이겨낼 수 있고 모든 일이 지나갈 것이라는 진리를

Feb.

13

전력투구하면 아름다운 미래를 맞이할 수 있다.

최선을 다하면 오늘 하루를 잘 살아낼 수 있고

20   년

20   년

20   년

20   년

20   년

20   년

20   년

20   년

20   년

20   년

이 세상에 존재하는 모든 일에는 저마다 특별한 의미가 있다!

Feb.
15

진정한 마음의 평화와 안정을 얻고 싶다면 탐욕을 이길 줄 알아야 하고

명예롭게 살고 싶다면 눈앞의 허영을 포기할 줄 알아야 한다.

20   년

20   년

20   년

20   년

20   년

20   년

20   년

20   년

20   년

20   년

타인의 평가에 너무 기대 살지 마라.

정말 신경 써야 할 것은 타인의 기준이 아닌, 나답게 사는 것이다.

Feb.

17

엄청난 잠재력을 얻을 수 있다.

계속 긍정적인 자기암시를 준다면 깊이 잠자고 있던 용기를 끌어내

20   년

20   년

20   년

20   년

20   년

20   년

---

20   년

---

20   년

---

20   년

---

20   년

돈으로는 살 수 없는 삶의 소소한 기쁨이다.

다른 사람에게까지 기꺼이 나눠주는 마음은

Feb.

19

끊임없이 당신을 괴롭히고 당신의 나태함을 강력하게 비난했던 사람을 소중히 여겨야 한다.

20   년

20   년

20   년

20   년

20   년

20   년

―――――――――――――――――

20   년

―――――――――――――――――

20   년

―――――――――――――――――

20   년

―――――――――――――――――

20   년

언제 어디서나 편하게 부를 친구는 바로 나 자신이다.

세상에서 자신을 가장 잘 알고 이해하며

Feb.

21

한 번뿐인 인생을 온갖 것을 움켜쥐느라 피곤하게 산다면 너무 억울하지 않겠는가.

불필요한 욕심과 목표를 포기하고 어깨를 짓누르는 짐을 내려놓자.

20   년

20   년

20   년

20   년

20   년

20　　　년

20　　　년

20　　　년

20　　　년

20　　　년

그제야 인생을 멋지게 역전시킬 수 있다!

한계라고 생각되는 것들을 몇 번이고 넘어설 때

Feb.
23

천재처럼 보이는 사람들도 사실은 모두 부지런히 연습을 한다!

기회와 행운은 끊임없이 노력하며 오랫동안 준비한 사람에게 찾아온다.

20   년

20   년

20   년

20   년

20   년

20   년

---

20   년

---

20   년

---

20   년

---

20   년

언제 어디서든 자신만의 빛을 발한다.
자신을 믿는 사람은 긍정적이고 열정적인 태도로 삶을 대하며

Feb.

25

남이 자신을 믿어주길 바라기 전에 먼저 스스로를 믿어주자.

20   년

20   년

20   년

20   년

20   년

20   년

---

20   년

---

20   년

---

20   년

---

20   년

우리는 진정한 행복과 무한한 활기를 얻을 수 있다.

마음의 불안함과 괴로움을 이기고 스스로 자신감을 회복할 때

Feb.
27

누군가가 위로를 건네지 않더라도 스스로 이렇게 말해보라.

"그럴 수 있지!"

20　　년

20　　년

20　　년

20　　년

20　　년

20   년

20   년

20   년

20   년

20   년

실행을 지속하고 유지하는 습관을 몸에 배게 하라.

힘들어 포기하고 싶은 순간 한 발짝 더 움직여라.

Feb.
29

누군가를 사랑할 용기, 상처 입은 이를 위로할 용기, 비판받아도 꿋꿋이 말할 용기!

다른 건 다 못 가져도 용기를 가졌다는 건 진정 모든 걸 갖춘 셈이다.

20   년

20   년

20   년

20   년

20   년

20   년

20   년

20   년

20   년

20   년

미래를 스스로 만드는 것이다.

미래는 충실한 현재의 결과다. 미래를 예측하는 최고의 방법은

정답은 찾는 게 아니라 만들어가는 것이다.

Mar.

2

나쁜 아니라 타인들까지 이롭게 할 수 있다.

욕망도 도리에 어긋남 없이 취하면

20   년

20   년

20   년

20   년

20   년

20   년

---

20   년

---

20   년

---

20   년

---

20   년

사랑도 관계도 일도 너무 앞서나가면 길을 잃기 십상이다!

주위를 찬찬히 살피고, 앞서가려는 마음도 달래가면서 걸어가라.

스스로 주인이 된다면 풍전등화 같은 한순간의 인생일지라도 후회 없이 살다 갈 수 있다.

20   년

20   년

20   년

20   년

20   년

20   년

20   년

20   년

20   년

20   년

그런데 그것이 참 어렵다.

진정한 감사는 이미 내가 가진 것을 돌아보는 데서 시작한다.

Mar.

6

그런 점에서 사람은 누구나 평등하다고 할 수 있다!

사람은 누구나 행복할 권리가 있다.

20   년

20   년

20   년

20   년

20   년

20　　　년

20　　　년

20　　　년

20　　　년

20　　　년

이것도 잘 활용하면 삶의 지혜가 된다.

비교하기를 좋아하는 것은 인간의 본능이라 어쩔 수 없지만

Mar.

8

자신감을 갖고 자신만의 행복한 삶을 향해

용감히 발걸음을 내디뎌야 한다.

20   년

20   년

20   년

20   년

20   년

20　　년

20　　년

20　　년

20　　년

20　　년

태어날 때부터 모든 것을 가진 사람은 없고
모든 것을 가질 수 있는 사람도 없다.

Mar.

10

20   년

20   년

20   년

20   년

20   년

20   년

20   년

20   년

20   년

20   년

그러니 절대 자신에게 '안 된다,' 라는 말을 하지 말라.

모든 가능성은 열려 있다.

Mar.

12

조용히 자신의 숨결을 감응할 수 있는 사람만이 인생의 아름다움을 느낄 수 있다.

20   년

20   년

20   년

20   년

20   년

Mar.

13

20   년

---

20   년

20   년

꿈이 바로 앞에 있는데 왜 팔을 뻗지 않는가!

---

20   년

---

20   년

Mar.
14

신이 감춰 놓은 선물이다.

결핍은 인간을 성장시키는 중요한 거름이요,

20   년

20   년

20   년

20   년

20   년

20   년

20   년

20   년

20   년

20   년

깨어 있든 잠들어 있든, 마음에 사랑이 가득한 사람은 평생 행복할 것이다.

Mar.

16

꿈을 꾸는 것도 습관이다.

20　　년

20　　년

20　　년

20　　년

20　　년

20   년

20   년

20   년

20   년

20   년

믿음은 확고한 마음가짐이며 운명을 이끄는 끈이다.

자신이 목표하는 바를 의심한다면 그것은 믿음이 아니다.

Mar.
18

인생의 길에서 믿음은 반드시 필요하다.

끊임없이 자신을 믿고 스스로 이루고자 하는 목표를 믿어야 한다.

20   년

20   년

20   년

20   년

20   년

20   년

20   년

20   년

20   년

20   년

보이지 않는다고 존재하지 않는 것은 아니다.

Mar.
20

오늘을 충실히 산다면 어떤 위기도 기회로 바꿀 수 있다.

20   년

20   년

20   년

20   년

20   년

20   년

20   년

20   년

20   년

20   년

정직만큼 풍요로운 재산은 없다.

정직함은 최고의 처세술이다.

정직함은 진실을 사랑하는 마음에서 나온다.

Mar.
22

행복은 언제나 현재에 있다!

현재의 행복을 하나씩 꿰어야만 일생의 행복이 만들어진다.

20   년

20   년

20   년

20   년

20   년

20   년

20   년

20   년

20   년

20   년

그러면 세상은 유쾌하고 친절한 동반자가 되어줄 것이다.

세상을 향해 웃음을 지으며 세상과 하나가 되어보라.

Mar.

24

인생에 두 번의 기회는 오지 않기 때문이다.

인생이라는 여행길을 서둘러 갈 필요는 없다.

20   년

20   년

20   년

20   년

20   년

20   년

20   년

기회가 기회는 결코 기다려주지 않는다. 찾아오면 신속하고 정확하게 포착하라.

20   년

20   년

20   년

Mar.

26

내가 홀로 돌아앉은 것은 아닌지 생각해보라.

모두가 내게서 돌아앉은 것이 아니라

20   년

20   년

20   년

20   년

20   년

20　　년

20　　년

20　　년

20　　년

20　　년

작게나마 도움을 줄 수 있다면 행복한 인생이 될 것이다.

적어도 내가 아는 사람이 어려움을 겪고 있을 때

Mar.
28

아름다운 삶이라고 말할 수 있으려면, 적어도 나답게 살고 있어야 한다.

20   년

20   년

20   년

20   년

20   년

20   년

20   년

20   년

모두 마음먹기에 달렸다!

20   년

20   년

Mar.
30

자기감정을 스스로 관리할 수 있을 때 비로소 더 즐겁게 살 수 있다.

20   년

20   년

20   년

20   년

20   년

Mar.

31

20   년

20   년

20   년

20   년

20   년

고통은 외적 요소가 아닌 자신에 대한 불만에서 비롯된다.

진정으로 자신을 사랑할 줄 알아야만 진짜 행복을 얻을 수 있다.

Apr.
1

인생에서 필요한 것은 이해뿐이다.

노력하는 그 자체가 노력하지 않는 것보다 더 낫다.

20   년

20   년

20   년

20   년

20   년

그러면 그림자를 볼 수 없을 것이다.

항상 태양을 향하도록 하라.

20   년

20   년

20   년

20   년

20   년

Apr.
3

다
시 시작하는 것은 스스로의 마음에 달려 있다.

20   년

20   년

20   년

20   년

20   년

20   년

20   년

20   년

20   년

20   년

성장통을 겪는 사람에게는 이겨내려는 자기 의지와 더불어 그 통증을 헤아리고 격려하는 주변의 배려가 필요하다.

Apr.

5

내가 할 수 있는 일을 함께 나누는 것, 꿈을 함께 꾸고 이루는 방법을 공유하는 것도 더불어 사는 삶의 한 걸음이다.

20   년

20   년

20   년

20   년

20   년

20   년

20   년

20   년

20   년

20   년

Apr.

6

우연한 기회를 행운으로 바꾸는 인생을 살자.

우연을 기회로 바꾸는 연습을 하고,

Apr.
7

감정은 변하는데, '이러면 안 돼.' 하며 붙들고 있기도 괴로운 일이다.

차라리 변한 감정과 타협하는 것이 낫다.

20   년

20   년

20   년

20   년

20   년

20   년

20   년

20   년

20   년

20   년

이것이 바로 인생의 균형이다.

어느 한 면이 부족하면 반드시 다른 한 면이 풍족해진다.

Apr.

9

긍정의 마음을 끝까지 유지하면 어느새 습관이 되고,

습관은 곧 생활방식이 된다.

20　　년

20　　년

20　　년

20　　년

20　　년

20   년

20   년

20   년

20   년

20   년

하루하루를 소중하게 생각하자.

더 이상 꿈꾸는 작업을 내일로 미루지 말자.

Apr.

11

우리는 보고 듣는 만큼 꿈꿀 수 있다.

꿈꾸는 사람만이 꿈을 이룰 수 있다!

20　　년

20　　년

20　　년

20　　년

20　　년

20   년

20   년

20   년

20   년

20   년

꿈을 꿀 때, 핵심 중 하나는 내 가슴이 시키는 일을 하는 것이다.

Apr.

13

마라톤처럼 긴 인생의 여정에서

오래 달리기 위한 나만의 비상구를 만들자.

20   년

20   년

20   년

20   년

20   년

Apr.

14

20   년

20   년

20   년

20   년

20   년

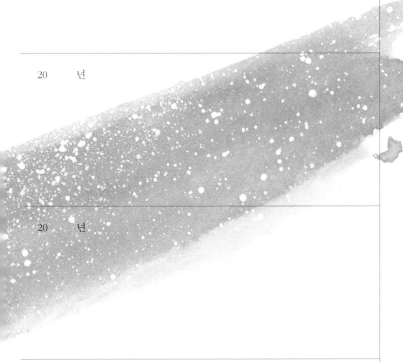

이해하면 모든 게 그럴 만한 것이 된다.

의심하기 시작하면 모든 게 의심스러운 것이 되고,

Apr.

15

오로지 외로워졌을 때 할 수 있는 일이다.

자신을 이해하는 것은

20   년

20   년

20   년

20   년

20   년

20   년

20   년

20   년

20   년

20   년

어떤 일이 있어도 내 편이 될 한 사람이 있다면 아직은 충분히 살 만하다.

Apr.
17

타인을 용서하는 일은 자신을 사랑하는 것과 같다.

20   년

20   년

20   년

20   년

20   년

20   년

20   년

20   년

20   년

20   년

함께 있어주는 것이야말로 그 어떤 위로의 말보다 더 위로가 된다.
우리가 할 수 있는 최선의 위로는 묵묵히 곁에 있어주는 것이다.

Apr.

19

건강한 인간관계를 위해 상호 존중을 바탕으로 서로의 자신감과 자존감을 살려야 한다.

20　　년

20　　년

20　　년

20　　년

20　　년

20   년

20   년

20   년

20   년

20   년

시선을 바꾸면 마음의 안정과 평화를 얻을 수 있다.

현실에서 도피하기보다는 다른 각도로 자신을 바라봐야 한다.

Apr.
21

외부에 관심을 기울이는 만큼 자신의 내부에도 관심을 갖고 자아를 보호해야 한다.

20   년

20   년

20   년

20   년

20   년

Apr.

22

20   년

20   년

20   년

20   년

20   년

오늘이 내 인생의 마지막 날이라는 마음으로 매일을 살며
그렇게 인생의 즐거움을 유지하라.

Apr.
23

실수나 잘못을 저질렀다는 것은

오히려 열심히 세상을 살아가고 있다는 증거다.

20　　년

20　　년

20　　년

20　　년

20　　년

20   년

20   년

20   년

20   년

20   년

상대방을 후하게 대접하면서 자신도 똑같은 대접을 받기를 바라지 말라.

Apr.

25

노력하는 사람은 반드시 이길 기회를 얻는다.

그날을 위해 오늘도 한 걸음을 내딛자.

20   년

20   년

20   년

20   년

20   년

20   년

20   년

20   년

20   년

20   년

행복은 결코 가진 것에 비례하지 않으며 마음속 끓는점으로 결정된다.

Apr.
27

함께 감정을 공유하고 나눌 사람이 한 명만 있어도 그 인생은 충분히 행복하다고 말할 수 있다.

20   년

20   년

20   년

20   년

20   년

20   년

20   년

20   년

20   년

20   년

결단력이 성공의 시작점이다.

어떤 일을 만났을 때 더 이상 망설이지 말고 제때에 결단하라.

Apr.
29

인생이란 가슴 설레는 일로 가득 차 있는 놀이터다.

20   년

20   년

20   년

20   년

20   년

20　　년

20　　년

20　　년

20　　년

20　　년

모두 당신의 가치관에 달려 있다.

이 세상의 모든 일과 모든 사람이 당신을 기쁘게 할지 힘들게 할지는

참든가, 떠나든가 둘 중 하나다!

May.

1

불안감을 너무 불편하게만 바라보지 말자!

불안감이 있어야 정상이다!

20　　　년

20　　　년

20　　　년

20　　　년

20　　　년

20   년

20   년

20   년

20   년

20   년

실수에 집착하지 마라.
실수가 나의 자존감을 떨어뜨릴 수는 없다.

May.

3

모든 경험은 재산이다.

20   년

20   년

20   년

20   년

20   년

May.

4

20   년

20   년

20   년

20   년

20   년

여전히 내가 제자리인 것은

내 인생 절정의 꽃피는 시절이 아직 오지 않았다는 뜻이다.

May.

5

상처를 피하는 것은 성장하기를 거부하는 것이다!

20   년

20   년

20   년

20   년

20   년

20   년

20   년

20   년

20   년

20   년

우리가 할 수 있는 현명한 선택이자 삶의 지혜다!

아름다운 일은 기억하고 나쁜 일은 되도록 빨리 지워버리는 것,

May.
7

백 번의 생각보다 한 번의 행동이 좋은 결과를 이끌어 낸다.

20   년

20   년

20   년

20   년

20   년

20   년

20   년

20   년

20   년

20   년

겸허히 받아들일 필요가 있다.

최선을 다하되, 결과에 대해서는

May.

9

그러니 용기를 내어 털어보자. 불편을 초래하는 감정이라면 그것은 독이다.

20   년

20   년

20   년

20   년

20   년

20   년

20   년

20   년

20   년

20   년

인간의 행불행은 그 상황을 어떻게 받아들이느냐에 의해서 결정된다!

May.

11

내 안에서 긍정적인 비교는 발전의 동력이 된다!

그러나 타인과의 비교는 상처를 주는 칼이 된다.

20   년

20   년

20   년

20   년

20   년

20   년

20   년

20   년

20   년

20   년

어느새 내가 먼저 행복해져 있을 것이다.

내 마음이 시키는 대로 표현하고 베풀다 보면

May.

13

어떤 순간에도 경건하고 진실한 마음을 잃지 않는다면 평안함을 유지할 수 있다.

20   년

20   년

20   년

20   년

20   년

20   년

20   년

20   년

20   년

20   년

May.

14

지금부터 감정에 솔직한 인생을 살아보자.

더 큰 부분인 감정을 무시하지 말라.

내가 통제하는 이성만이 나의 전부가 아니다.

May.

15

자신이 완벽하지 않음을 인정하라.

그것은 스스로를 존중하고 직시하는 힘이 될 것이다.

20 　　년

20 　　년

20 　　년

20 　　년

20 　　년

20   년

---

20   년

---

20   년

---

20   년

---

20   년

타인이 바라보는 성실의 관점에서 벗어나 자신에게 성실한 사람이 되자.

May.

17

다양한 경험을 많이 해본 사람이 승자가 된다.

20   년

20   년

20   년

20   년

20   년

20   년

20   년

20   년

20   년

20   년

'인생은 한 세상이고 풀은 한 계절이다.' 라는 말처럼 인생은 정말 짧다.

May.
19

그것으로 충분히 존경받는 삶을 산 것이라 할 수 있다.

단 한 사람이라도 마음에서 우러난 존경을 표현해준다면.

20   년

20   년

20   년

20   년

20   년

20   년

20   년

20   년

20   년

20   년

May.

20

자기반성은 행복으로 이끄는 에너지다!

May.

21

알 수 없는 기대감 속에서 하루하루를 살아가는 것보다

더 멋진 일이 있을까?

20　　년

20　　년

20　　년

20　　년

20　　년

20　　년

20　　년

20　　년

20　　년

20　　년

습관이나 인생도 내 의지로 바꿀 수 있다.

오늘 내가 택한 방향이 미래의 내 모습이 될 것이다.

May.
23

오늘 나는 최선을 다했는가?

20   년

20   년

20   년

20   년

20   년

긍정은 노력해서 키우는 것이다.
비관은 스스로 자라지만

20　　년

20　　년

20　　년

20　　년

20　　년

May.
25

탐욕은 행복의 가장 큰 적이다.

20   년

20   년

20   년

20   년

20   년

내
가 인정받고 싶은 만큼 상대 또한 인정하자.

20   년

20   년

20   년

20   년

20   년

May.

27

그것을 대하는 태도는 내가 정할 수 있다.

눈앞에 벌어질 많은 일을 내가 정할 수 없지만,

20   년

20   년

20   년

20   년

20   년

20   년

20   년

20   년

20   년

20   년

나의 노력뿐이다.

지속적인 성장과 발전을 가능케 하는 유일한 것은

May.
29

당신이 어떠한 사람인지에 따라 당신의 사랑도 결정된다.

20   년

20   년

20   년

20   년

20   년

20 년

20 년

20 년

20 년

20 년

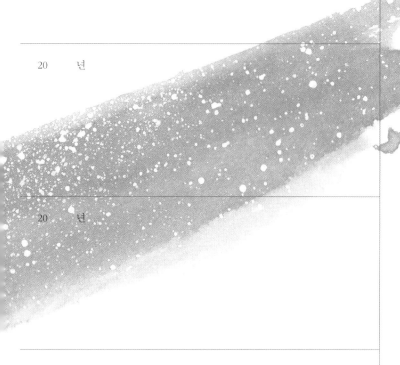

아무리 마음 아플지라도 지나간 일로 해두자.

이미 지나간 일에 대해서는

May.

31

바로 찬란하게 빛을 발하는 출구다.

지금까지 캄캄한 곳을 지나왔다면 이제 맞이할 것은 단 하나다.

20   년

20   년

20   년

20   년

20   년

20   년

20   년

20   년

20   년

20   년

Jun.

1

인생살이에 편안하게 숨 쉴 여지를 마련해야 한다. 지치지 않기 위해선

Jun.

2

우정은 진심을 다해 베푸는 것이지, 무조건 받기만 하는 것이 아니다.

20   년

20   년

20   년

20   년

20   년

20   년

20   년

20   년

20   년

20   년

좌절 속에는 그것보다 더 큰 성공의 씨앗이 숨어 있다!

Jun.

4

그러니 우리가 가진 소중한 시간을 아름다운 것에 써야 한다.

내일은 세상이 또 어떻게 변할지 모른다.

20　　년

20　　년

20　　년

20　　년

20　　년

인생에 절대적 편안함은 없다.

인생은 항상 상대적인 균형 상태를 유지한다.

20   년

20   년

20   년

20   년

20   년

Jun.

6

향후 성공의 밑거름이 된다.

고난 속에서 취하는 긍정적 태도는

20   년

20   년

20   년

20   년

20   년

20   년

20   년

20   년

20   년

20   년

가장 좋은 스승이다!

고난은 어리숙한 나를 성숙시켜주는

Jun.

8

가끔은 져도 괜찮다.
지는 여유를 보이자.

20   년

20   년

20   년

20   년

20   년

20   년

---

20   년

---

20   년

---

20   년

---

20   년

Jun.

9

이것만이 지금 내가 볼 수 있는 유일한 진실이다.
지금 달리고 있는 길에 집중하라.
끝을 보고 달리지 마라. 그건 신기루일 뿐이다.

Jun.

10

성공과 행복의 진한 풍미를 맛볼 수 있다!

인생은 녹차와 같아서 우러나기를 기다렸다 집중해야

20   년

20   년

20   년

20   년

20   년

20   년

20   년

20   년

20   년

20   년

지금 당신이 갖는 프레임에 의해 인생이 달라진다.

어디를 볼 것인가, 무엇을 기준에 둘 것인가 고민하라.

작은 **차이가** 세상을 움직인다.

Jun.

12

진실하기만 하면 그를 감동시킬 수 있고,

겸손하기만 하면 그에게 다가갈 수 있다.

20   년

20   년

20   년

20   년

20   년

20   년

20   년

20   년

20   년

20   년

그 무엇도 얻지 못할 것이다.

모두 선택하려고 하면

Jun.
14

친구란 우리 인생에 좋은 영향을 미치는 사람이다.

20   년

20   년

20   년

20   년

20   년

Jun.

15

바로 절박함 속에서 나온 행동이다.

평범한 인생을 사느냐, 원하는 인생을 사느냐를 결정짓는 것은

20   년

20   년

20   년

20   년

20   년

Jun.

16

지금 내 인생도 찬란히 빛나고 있다!

20   년

20   년

20   년

20   년

20   년

20   년

20   년

20   년

20   년

20   년

진정한 사랑을 믿고 그것을 위해 최선을 다하라.

지금 누군가를 사랑하고 있다면 그 사람과의 만남에 감사하자.

Jun.

18

우리의 인생은 기다림의 연속이다. 기다림이 있기에 인생의 가치는 더 커진다.

20   년

20   년

20   년

20   년

20   년

Jun.

19

20   년

20   년

20   년

20   년

20   년

삶이 성공의 대가로 요구하는 것은 시간과 노력과 인내다.

그러면 반드시 바뀐다.

매일 조금씩이라도 바꿔라!

20　　　년

20　　　년

20　　　년

20　　　년

20　　　년

20   년

20   년

20   년

20   년

20   년

상대의 고통도 품어야 한다.

누군가를 사랑하려면 자신뿐만 아니라

Jun.
22

행복한 인생을 만들고 싶은가?

그렇다면 사랑하고 희망하는 법을 배워라.

20   년

20   년

20   년

20   년

20   년

20   년

20   년

20   년

20   년

20   년

혼자 혼자 행복한 것도 절대 행복한 것이 아니다.

잘하는 것은 절대 잘하는 것이 아니다.

Jun.

24

인생은 끊임없는 선택의 연속이다.

20   년

20   년

20   년

20   년

20   년

20   년

20   년

20   년

20   년

20   년

인생은 누리는 게 아니라 경험하는 것이다.

Jun.
26

이
세
상
에
걱정할 만한 일은, 나 자신의 일, 밖에 없다.

20   년

20   년

20   년

20   년

20   년

Jun.

27

20   년

20   년

20   년

20   년

20   년

버킷리스트는 온전히 자신만을 위해 써라!

당신이 지금 써 내려가는 리스트가 꿈꾸는 인생을 살게 할 것이다.

Jun.

28

악착같이 싸우고, 따지고, 배워라.

행복과 성공은 그 과정에서 얻게 되는 선물이다.

20   년

20   년

20   년

20   년

20   년

Jun.

29

20   년

20   년

20   년

20   년

20   년

이 세상 어딘가에는 분명 당신 편이 있다.

Jun.

30

그러니 인생의 꿈을 놓지 마라.

인생은 여행과 같고, 꿈은 여행 지도와 같다.

20   년

20   년

20   년

20   년

20   년

Jul.

1

20 　년

20 　년

20 　년

20 　년

20 　년

스스로 하지 않으면 아무것도 얻을 수 없다!

Jul.

2

좋았던 기억과 우정은 바위에 새겨라.

20　　년

20　　년

20　　년

20　　년

20　　년

20   년

20   년

20   년

20   년

20   년

Jul.

3

자신을 믿어라. 그리고 아낌없이 노력하라.

Jul.

4

이것이 바로 진짜 내면에서 우러나오는 자신감이다.

자신의 불완전함을 인정하는 연습을 하라.

20   년

20   년

20   년

20   년

20   년

20   년

20   년

20   년

20   년

20   년

마음에 따라 정하고, 능력에 따라 행하라.

Jul.

6

그래야 옳다!

최대한 자신이 원하는 모양대로 인생을 살아야 한다.

20   년

20   년

20   년

20   년

20   년

20   년

20   년

20   년

20   년

20   년

내일도 나는 나답게 살 것이다.
내가 하는 일은 옳다.

어떤 결과를 얻을지도 확실히 알 수 있다.

지금 하는 일이 어떤 일인지 분명히 안다면

20   년

20   년

20   년

20   년

20   년

20   년

20   년

20   년

20   년

20   년

나는 창조한다. 고로 생존한다.

Jul.

10

나는 안 돼, 라는 밧줄로 자신의 손발을 묶지 말라!

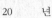

20   년

20   년

20   년

20   년

20   년

20   년

20   년

20   년

20   년

20   년

막연하게 현재의 상황을 불평하는 것은

인생살이에 아무런 도움이 안 된다.

Jul.

12

하려는 의지만 있다면 무슨 일이든 성공할 수 있다.

20   년

20   년

20   년

20   년

20   년

20   년

20   년

20   년

20   년

20   년

진정 아껴야 하는 것은
늘 함께해온 진실한 내 안의 자아다.

Jul.
14

자신을 비울 때 더 많은 것을 담을 수 있다.

20   년

20   년

20   년

20   년

20   년

20   년

20   년

20   년

20   년

20   년

인생은 유한하고, 지식은 끝이 없다!

Jul.

16

내려놓아야 할 것은 내려놓을 줄 아는, 삶을 살아야 한다.

사랑해야 할 것은 사랑하고

20   년

20   년

20   년

20   년

20   년

Jul.

17

20   년

20   년

20   년

20   년

20   년

당신은 당신이 생각한 대로 될 것이다.

Jul.

18

과감한 도전이 좀 더 나은 삶으로 이끌 것이다.

20   년

20   년

20   년

20   년

20   년

Jul.

19

20　　년

20　　년

20　　년

20　　년

20　　년

소중한 것들을 잃어버린다.

불필요한 물건을 많이 소유할수록

Jul.

20

더 큰 가치를 만들 수 있다!

어떤 마음가짐을 갖느냐가 어떤 일을 하느냐보다

20   년

20   년

20   년

20   년

20   년

20   년

20   년

20   년

20   년

20   년

나의 마음과 정신도 따라오게 마련이다.

태도를 올바르게 하면

Jul.

22

피곤에 절어 아무것도 느끼지 못하는 상태이다.

최악의 상황은 가난이나 불행이 아니라

20   년

20   년

20   년

20   년

20   년

20   년

20   년

20   년

20   년

20   년

Jul.

23

더 아름다운 미래를 만들 수 있다. 희망을 갖고 현재를 귀하게 여겨야

Jul.

24

누구든 자신이 원하는 모습으로 변할 수 있다.

20   년

20   년

20   년

20   년

20   년

20   년

20   년

20   년

20   년

20   년

분노의 독약으로 긍정의 감정을 죽이지 말라.

Jul.

26

행복은 인생을 판단하는 유일한 기준이자
모든 목표의 최종 도착지이다.

20   년

20   년

20   년

20   년

20   년

20　　　년

20　　　년

20　　　년

20　　　년

20　　　년

행복이란 결과가 아니라 과정이다.

Jul.

28

환경을 바꿀 수 없다면 나 자신을 바꿔라!

20   년

20   년

20   년

20   년

20   년

20 년

20 년

20 년

20 년

20 년

오늘을 어제의 걱정으로 낭비하지 마라.

Jul.

30

사랑은 황금열쇠다.

황금열쇠만 있으면 모든 마음의 문을 열 수 있다.

20   년

20   년

20   년

20   년

20   년

20 년

20 년

20 년

20 년

20 년

과거의 노예가 되지 말라.

그 사람을 사랑하는 일은 누가 뭐래도 옳다.

그 사람을 사랑하는 동안 예전보다 더 나은 내가 되었다면

20   년

20   년

20   년

20   년

20   년

20   년

20   년

20   년

20   년

20   년

그러기 위해서는 지금 내게 주어진 것들을 소중히 여기고 지켜나가야 한다.

가장 어려운 일은 자기 자신에게 부끄럽지 않은 사람이 되는 것이다.

Aug.

3

20   년

20   년

20   년

20   년

20   년

지금 내가 달리고 있는 길에 집중하라. 이것만이 지금 내가 볼 수 있는 진실이다.

끝을 보고 달리지 마라. 그건 신기루일 뿐이다.

20   년

20   년

20   년

20   년

20   년

시간이 아무리 오래 걸린다고 한들 세상은 변할 수 있다.

자신의 미미한 힘이 세상에 미칠 그 영향력을 믿어라.

Aug.

5

그러니 다른 사람의 기대 속에 살지 말라!

내 운명의 주인은 나 자신이다.

20   년

20   년

20   년

20   년

20   년

20   년

20   년

20   년

20   년

20   년

가장 좋은 이유는, 또 다른, 혹은, 더 좋은, 가능성을 찾기 위함이어야 한다.

할 수 있는 최선을 다 했는데도 성공하지 못하고 어쩔 수 없이 포기해야 한다면

Aug.
7

본질로 돌아가 생각하는 것은 선택의 순간에 중요한 기준이 된다. 이러한 기준이 바로 섰을 때 자기 결정에 확신을 가질 수 있다.

20   년

20   년

20   년

20   년

20   년

Aug.

8

20   년

___

20   년

___

20   년

___

20   년

___

20   년

무엇보다 나 자신이 먼저 변해야 한다.
우선 그의 마음속을 이해하는 것도 중요하지만
다른 사람을 변화시키고 싶다면

Aug.

9

시간을 낭비하지 않는다는 의미다.
이 순간의 삶을 받아들이고, 그 속에 빠져들어 경험하며,
지금을 산다는 것은 당신의 모든 지혜와 열정을 다해

20   년

20   년

20   년

20   년

20   년

20   년

---

20   년

---

20   년

---

20   년

---

20   년

Aug.

10

나를 조금씩 상상 속의 내 모습으로 만들어줄 것이다.

상상을 멈추지 않는다면 내 안에 잠자고 있던 힘이 깨어나

Aug.

11

삶이란 겸손을 배우는 긴 수업 시간이다.

삶에서 배운이 겸손의 미덕은 말에서 가장 잘 드러난다.

20   년

20   년

20   년

20   년

20   년

20   년

20   년

20   년

20   년

20   년

사람을 감동시키고 상상력을 자극시켜 시련을 극복하게 한다.

유머는 규격에서 벗어나 삐뚤어짐으로써

유머에는 두려움과 공포를 이겨내는 힘이 있다.

Aug.

13

어떤 문제에서든 해결책을 도출해준다.

긍정은 어떤 상황에서든 미소를 잃지 않게 하고

20   년

20   년

20   년

20   년

20   년

20   년

20   년

20   년

20   년

20   년

더 똑똑하고, 더 강하고, 더 능력 있는 존재다!

우리는 우리가 알고 있는 것보다 훨씬 아름답고,

Aug.
15

새로운 풍경을 찾아 열정을 불러일으키기 위해 무작정 거리를 활보해보자.

꿈을 찾아 이리저리 헤매보는 것도 좋다.

20   년

20   년

20   년

20   년

20   년

20   년

20   년

20   년

20   년

20   년

그로 말미암아 위대한 성취를 이룰 수 있다!

따뜻한 격려 한마디로 우리는 용기를 얻고 중요한 일을 결단하며

Aug.
17

자신을 가꾸면서 당당히 나아가라.

20   년

20   년

20   년

20   년

20   년

20   년

20   년

20   년

20   년

20   년

이런 불필요한 감정은 스스로를 허구의 늪으로 빠져들게 한다.
걱정과 고민은 자신을 옭아매는 밧줄과 같다.

Aug.

19

사소한 감사의 마음조차도 정확하게 표현하자.

사랑하는 사람, 소중한 관계를 지키려거든 초심을 잃지 말고

20   년

20   년

20   년

20   년

20   년

20   년

20   년

20   년

20   년

20   년

자기 자신과 조화롭게 지내는 법을 배워야 한다!

자신의 불완전함을 담담히 직시하고 자신을 있는 그대로 받아들이며

Aug.
21

무엇보다 소중한 것은 바로 현재의 나 자신이다.

20   년

20   년

20   년

20   년

20   년

20   년

20   년

20   년

20   년

20   년

Aug.
22

최선을 다해왔다면, 그것만으로도 충분하다.

Aug.

23

자기 삶도 제대로 관리할 수 있다.

자기 입과 귀를 단속할 줄 알아야만

20   년

20   년

20   년

20   년

20   년

20 　　 년

20 　　 년

20 　　 년

20 　　 년

20 　　 년

소유보다 희망에, 현실보다 꿈에 더 많은 매력이 있는 것이다.

무한한 가능성을 지닌 미래에 대한 생각이 미래 그 자체보다 더 중요하다.

Aug.
25

실천은 핑계를 없애는 것에서부터 시작해야 한다!

20   년

20   년

20   년

20   년

20   년

20   년

---

20   년

버티낼 수 없을 것 같은 순간을 이겨내면 그 다음에는 기적을 볼 수 있을 것이다.

---

20   년

---

20   년

---

20   년

Aug.
27

스스로 최선을 다했다면 마음먹은 대로 되지 않았다 해도 아쉬울 것이 없다.

살다 보면 결과보다 과정이 중요하다는 것을 깨닫는다.

20   년

20   년

20   년

20   년

20   년

20   년

20   년

20   년

20   년

20   년

Aug.
28

마음으로 생각하거나 입으로 말하면 이루어진다고 했다. 말은 자신의 의지를 선포하는 의미가 있다.

Aug.
29

이것이 오늘보다 내일의 나를 더 나은 쪽으로 이끌어 간다.

나 자신을 믿고 생각하고 행동하고 내 가치를 만드는 것.

20   년

20   년

20   년

20   년

20   년

20   년

20   년

20   년

20   년

20   년

한 사람이 가진 위대성의 척도는 고통을 감수하는 능력이다!

최선의 결정을 잘하는 사람은 자기 결정에 따르는 고통을 기꺼이 감수한다!

Aug.

31

부정적 감정은 나름의 쓸모가 있다.

나쁜 일을 피해 갈 수 있도록 우리를 움직이기 때문이다.

20 년	
20 년	
20 년	
20 년	
20 년	

20   년

20   년

20   년

20   년

20   년

다시 시작이다.

나는 내가 원하는 모습으로 변할 것이다!

Sep.

2

실패할 거라고 생각하는 사람은 실패할 것이고,

성공할 거라고 생각하는 사람은 성공할 것이다.

20   년

20   년

20   년

20   년

20   년

20   년

---

20   년

---

20   년

---

20   년

---

20   년

고로 나 자신을 알라.

자신의 무지를 아는 자는 그것을 채우기 위해 노력한다.

Sep.
4

세
상
에
서 가장 넓은 것은 바다가 아니라 사람의 마음이다.

20   년

20   년

20   년

20   년

20   년

20   년

20   년

20   년

20   년

20   년

내일의 행복을 붙잡기 위해 오늘의 행복을 놓치지 말라.

때로는 우리가 도달해야 할 종점이 현재의 출발점이 될 수도 있다.

Sep.

6

중요한 것은 지금 이 순간 내딛는 한 걸음이니 헛된 과거를 두고 방황하지 말라.

20   년

20   년

20   년

20   년

20   년

Sep.

7

20   년

20   년

20   년

20   년

20   년

그 시간의 마력은 고독을 또 하나의 진실한 행복으로 만든다.

홀로 차분히 자기 안을 들여다보고 일상을 되돌아보며 마음을 정리하라.

Sep.

8

일과 사물을 대하는 당신의 마음가짐에 달려 있다.

행복한 인생을 살지 불행한 인생을 살지는

20   년

20   년

20   년

20   년

20   년

20   년

20   년

20   년

20   년

20   년

Sep.

9

내 안에 고스란히 쌓여 있다.

지나간 일들은 과거 속으로 사라진 것이 아니라

Sep.
10

이 세상에 끝은 없는지도 모르겠다. **다시** 시작하면 끝은 언제든지 끝이 아니라 과정이 된다.

20   년

20   년

20   년

20   년

20   년

20   년

20   년

20   년

20   년

20   년

당신 인생의 우선순위를 정하는 것이다.

중요한 건 일정표에 적힌 우선순위가 아니라

Sep.
12

내게 가장 좋았던 순간은 안일하고 한가하게 보낸 때가 아니라 뭔가를 제대로 해내고자 전력을 다한 때였다!

20   년

20   년

20   년

20   년

20   년

20   년

20   년

20   년

20   년

20   년

진짜 강한 사람은 아픔이 없는 사람이 아니라 아픔을 잘 극복하는 사람이다.

Sept.

14

진정으로 한 사람을 이해하려면 상대를 관찰하는 법을 배우기 전에 나부터 알아야 한다.

20   년

20   년

20   년

20   년

20   년

20   년

20   년

20   년

20   년

20   년

오늘 하루, 좋은 사람들과 많은 대화를 나눴다면 많은 행복을 누린 것이다.

Sep.
16

애당초 자신이 왜 변하려고 했는지 다시 한 번 주의를 환기시키면 나약해진 현재의 자신과 맞설 힘을 얻을 수 있다.

20   년

20   년

20   년

20   년

20   년

20   년

20   년

20   년

20   년

20   년

오늘도 나는 청춘이다. 나의 남은 날 중 오늘이 가장 젊기에.

청춘은 다른 사람이 정하는 것이 아니라 내가 정하는 것이다.

Sep.
18

사랑만이 우리에게 진정한 희망일 때가 있다.

20   년

20   년

20   년

20   년

20   년

20   년

20   년

20   년

20   년

20   년

완벽할 수 없음을 받아들일 때 인생이 완벽해진다.

세상이 어떻게 변하든지, 세상에서 살아남기 위해 얼마나 비굴한 삶을 감당해야 하는지 상관없이 당신의 마음이 여전히 사랑을 노래할 수 있기를 간절히 바란다.

20   년

20   년

20   년

20   년

20   년

20   년

20   년

20   년

20   년

20   년

이로써 진정한 마음의 평화와 만족을 얻을 수 있다.

자신의 완벽하지 않음을 인정하는 것은 스스로를 존중하는 일이며,

Sep.

22

진정한 행복이 피어난다.

속도를 늦추고 자신의 영혼과 보조를 맞춰 걷는 데서

20   년

20   년

20   년

20   년

20   년

20　　　년

20　　　년

20　　　년

20　　　년

20　　　년

포기할 줄 모르는 사람은 결국 아무것도 얻지 못한다.

때로는 포기하는 것도 지혜다.

Sep.
24

평범하고 재미없는 인생을 살든 큰 성과가 있는 대단한 인생을 살든

어느 순간에는 걸음을 멈추고 자신을 돌아봐야 한다.

20   년

20   년

20   년

20   년

20   년

20   년

20   년

20   년

20   년

20   년

둘 중 하나만 바뀌면 세상은 달라진다!

내가 모든 사람을 위해 바뀔 수는 있다!

모든 사람이 나를 위해 바뀔 수는 없지만

Sep.
26

인생이라는 여정에서 목표를 세우고 방향을 정할 필요가 있다.

목표가 없는 사람은 발전할 수 없고 발전하지 않는 사람에게 성공은 없다.

20   년

---

20   년

---

20   년

---

20   년

---

20   년

Sep.
27

20   년

20   년

20   년

20   년

20   년

그리고 사람의 잠재의식으로는 불가능한 일이 없다는 것을 기억하라.

성공은 성공한 내 모습을 그리는 데서부터 시작된다는 것,

Sep.
28

삶의 행복은 당연한 게 아니라 소중한 것이다.

우리 삶에서 당연한 것은 아무것도 없다.

20   년

20   년

20   년

20   년

20   년

20   년

20   년

20   년

20   년

20   년

위대한 사랑으로 행한 작은 행동들이 있을 뿐이다.

위대한 행동이란 없다.

Sep.
30

자신감이야말로 자신을 빛나게 하는 유일한 무기이다.

20   년

20   년

20   년

20   년

20   년

20   년

20   년

20   년

20   년

20   년

다른 사람을 위한 배려가 곧 나 자신을 위한 것임을 기억하라.

Oct.

2

인생에서 가장 중요한 것은 돈도 권력도 아닌 우정이다.

어느 누가 우정을 잃고 인간답게 살 수 있을까?

20   년

20   년

20   년

20   년

20   년

20   년

20   년

20   년

20   년

20   년

내면의 아름다움을 가꾸고 빛내는 것이 행복한 인생, 사랑받는 사람으로 나아가는 비결이다.

Oct.

4

나만의 방식으로 내 길을 열심히 가고 있다면 어깨를 토닥여 줄 필요가 있다! 때론 실수하기도, 그래서 후회를 하기도 하지만 내 삶은 여전히 당당하다!

20   년

20   년

20   년

20   년

20   년

Oct.

5

20   년

20   년

20   년

20   년

20   년

그것이 곧 옳은 선택이다.

비록 그릇된 선택을 했더라도 더욱 노력하여 성공을 이끌어 냈다면

옳은 선택을 하고도 노력하지 않는다면 결국 그것은 그릇된 선택이다.

Oct.
6

타인의 이름을 정확히 기억하고 자주 불러주어라. 이것은 상대방에게 어떤 칭찬보다도 큰 효과를 줄 수 있다.

20   년

20   년

20   년

20   년

20   년

Oct.

7

20   년

20   년

20   년

20   년

20   년

좌절하지 않고 큰일을 이룰 수 있다.

강한 의지와 인내력을 지닌 사람은 아무리 큰 바람과 파도가 다가와도

Oct.
8

이기적인 사람이 비난받는 이유는
그들이 자신의 이익만을 챙기기 때문만이 아니라
다른 사람의 이익을 무시하기 때문이다.

20   년

20   년

20   년

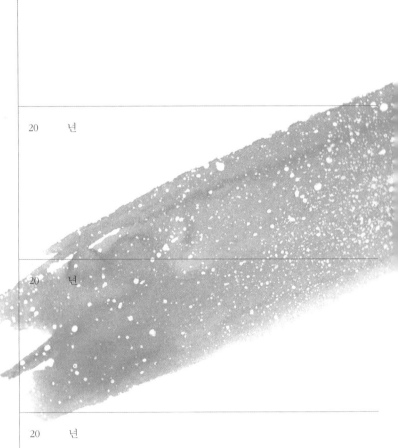

20   년

20   년

20   년

20   년

20   년

20   년

20   년

내가 마음만 먹으면 언제든 찾을 수 있는 가장 가까운 곳에 놓여 있다.

보물은 찾기 힘든 멀고 험한 곳에 숨겨져 있지 않다.

Oct.

10

비록 모든 형편이 절망할 수밖에 없다 하더라도 절망하지 마라.

이미 일이 끝장난 듯싶어도 결국 또다시 새로운 힘이 생긴다.

20   년

20   년

20   년

20   년

20   년

20   년

20   년

20   년

20   년

20   년

변화를 바란다면 어렵더라도 그것을 지속하려는 노력을 멈추지 말아야 한다.

변화는 어렵다! 그러나 더 어려운 것은 **변화를** 위한 지속적인 실천이다.

Oct.

12

행운 총량의 법칙이라는 게 있다.

지금 닥친 불운만큼 앞으로는 행운이 찾아올 거라는 법칙.

나쁜 일이 생기면 좌절하지 말고 버티라는 고마운 법칙.

20   년

20   년

20   년

20   년

20   년

20   년

20   년

20   년

20   년

20   년

오늘 미룬 일을 해낼 내일의 나다!

세상에 믿을 사람 없다지만 그럼에도 내가 믿는 사람은

또 그렇게 된다는 것을 알고 있지 않은가.

그 나뭇가지에 꽃이 필 것 같지 않아 보여도 그렇게 되기를 소망하고

운명이 겨울철 과일나무 같아 보일 때가 있다.

20   년

20   년

20   년

20   년

20   년

Oct.

15

20   년

20   년

20   년

20   년

20   년

버리고 비우지 않고는 새것이 들어올 수 없다.
버리고 비우는 일은 결코 소극적인 삶이 아니라 지혜로운 삶의 선택이다.

Oct.

16

그 찰나의 순간을 놓치지 말고 꼭 잡아야 한다.

기회는 화살과도 같아서 순식간에 나를 스쳐 지나간다.

아무리 노력을 하고 주변 환경이 좋아도 때를 놓쳐버리면 말짱 헛수고가 된다.

20   년

20   년

20   년

20   년

20   년

20   년

20   년

20   년

20   년

20   년

우물을 포기한 것과 다르지 않다.

비록 아홉 길을 팠다 해도 샘물이 나오는 데까지 미치지 못한다면

일하는 것은 마치 우물을 파는 것과 같다.

Oct.

18

너는 어느 쪽 인생을 선택하겠느냐고 스무 살의 나에게 물었다면

괴롭든 어떻든 뜨거운 인생을 선택하겠다고 대답했을 것이다.

20   년

20   년

20   년

20   년

20   년

20   년

20   년

20   년

20   년

20   년

Oct.

20

새로운 세계에 도전해보라.
지금과 감히 힘차게 자신을 가둔 알을 깨고 나와
운명을 개척하려면 알을 깨고 나와야 한다.

20   년

20   년

20   년

20   년

20   년

20   년

20   년

20   년

20   년

20   년

따라서 때때로 고독과 사색이 필요하다.

인생에서 가장 중요한 것은 자기를 발견하는 일이다.

Oct.

22

한 가지 가치 있는 일을 추구하는 데 자신의 정력과 마음을 온전히 집중한다면 절대 실패하지 않을 것이다.

20   년

20   년

20   년

20   년

20   년

20   년

20   년

20   년

20   년

20   년

오늘도 희망이라는 길을 닦으며 살아가자!

Oct.
24

햇빛은 달콤하고, 비는 상쾌하고, 바람은 시원하며, 눈은 기분을 들뜨게 만든다.

세상에 나쁜 날씨란 없다. 서로 다른 종류의 좋은 날씨만 있을 뿐이다.

20   년

20   년

20   년

20   년

20   년

20   년

20   년

20   년

20   년

20   년

내 생애 최대의 자랑은 한 번도 실패하지 않았다는 것이 아니라 넘어질 때마다 다시 일어섰다는 것이다.

Oct.
26

누구든 지금 자기에게 맞는 삶을 살아야 한다.

멀리 보기보단 주변의 가까운 풍경을 감상하고

기쁜 일도 힘든 일도 스스로 즐기면서 감당하자.

20   년

20   년

20   년

20   년

20   년

20   년

20   년

20   년

20   년

20   년

그리고 말로 표현하지 못하는 것들을 행동으로 보여주자.

기왕에 멀리 떠나기로 결정했다면 그 길이 끝날 때까지 힘차게 달려보자!

Oct.
28

20   년

20   년

20   년

20   년

20   년

같은 풍경을 보더라도 마음가짐에 따라 느끼는 바가 다를 테니까.

여행할 때, 중요한 것은 무엇을 보느냐가 아니라 여행을 떠나는 마음가짐이다.

20   년

20   년

20   년

20   년

20   년

무엇보다 꿈을 저버리는 짓이다.
포기는 당신이 그동안 겪은 고통을 의미 없게 만들고
'새로운 나,가 되기로 굳은 결심을 했다면 너무 쉽게 포기하지 말자.

Oct.
30

그게 바로 당신의 가장 아름다운 모습이다.

주저하지도, 후회하지도 말고 열정적으로 계속 나아가자!

20   년

20   년

20   년

20   년

20   년

Oct.

31

20   년

20   년

20   년

20   년

20   년

그러니 유일하게 의지하고 경청하며 신뢰해야 할 대상은 바로 마음이다.

오직 마음속 깊은 곳에서 들려오는 소리뿐이다.

나를 목적지까지 데리고 가는 것은

Nov.

1

진정한 패배자는 주변인에 머무르며 남을 비웃기만 하는 바로 그들이다.

20   년

20   년

20   년

20   년

20   년

Nov.

2

20   년

20   년

20   년

20   년

20   년

그것은 더 이상 우리에게 행복을 가져다주지 못한다.

돈이 유일한 신앙이자 목표가 되는 순간

Nov.
3

때로는 마음의 소리에 귀를 기울여라.

20   년

20   년

20   년

20   년

20   년

20 　　년

20 　　년

20 　　년

20 　　년

20 　　년

Nov.

4

사랑하면서 사랑을 모르는 것만큼 어리석은 일도 없다.

Nov.

5

자기 스스로 모난 성격이거나 개성이 뚜렷하다고 판단된다면

성질대로 행동하기 전에 냉정하게 생각해보자!

20   년

20   년

20   년

20   년

20   년

Nov.

6

20   년

20   년

20   년

20   년

20   년

나를 만족시키기 위한 노력을 하라.
남에게 보여주기 위한 노력이 아니라

Nov.
7

자제력을 키워 자신의 의지대로 모든 일을 할 수 있는 사람이 되라.

20   년

20   년

20   년

20   년

20   년

20   년

20   년

20   년

20   년

20   년

인간의 모든 행동은 정신에서 나온다.

Nov.

9

마음속의 신념을 지킨다면 그것으로 충분하다.

사람들의 의견에 자신의 생각을 물어버리지 마라.

20   년

20   년

20   년

20   년

20   년

인생에서 뚜렷한 목표는
노력의 근거이자, 채찍이자, 격려가 되어준다.

20　　년

20　　년

20　　년

20　　년

20　　년

Nov.

11

휴식은 새로운 출발을 앞둔 사람들에게 반드시 필요한 영양제이다.

20   년

---

20   년

---

20   년

---

20   년

---

20   년

Nov.

12

20   년

20   년

20   년

20   년

20   년

'남들이 안 될 거라고 장담한 일들을 여봐란듯이 해낼 때다.

가장 행복한 순간은 내가 노력해서 뭔가를 이뤄낼 때.'

Nov.

13

제대로 울고, 웃고, 화내고, 감동할 줄 아는 것이 필요하다. 그래야만이 마음의 균형을 바로잡을 수 있다.

20   년

20   년

20   년

20   년

20   년

20   년

20   년

20   년

20   년

20   년

단숨에 확 뒤집는 것도 중요하지만 멀리 가는 것도, 안전하게 도착하는 것도, 과정을 즐기는 것도 중요하다!

Nov.

15

자신의 성장만큼 중요한 것은 없다.

20   년

20   년

20   년

20   년

20   년

20　　년

20　　년

20　　년

20　　년

20　　년

비로소 내가 어디를 향하고 싶었는지 알 수 있다.

뒷걸음질로 하나둘 찍히는 발자국을 보면

Nov.

17

남에게 강요하지 않고 자연스럽게 사는 법을 체득하라.

행복해지는 기회는 무궁무진하다.

20   년

20   년

20   년

20   년

20   년

20　　년

20　　년

20　　년

20　　년

20　　년

맞는 열쇠를 찾는 데 집중하라.

이미 손안에 열쇠가 있다는 확신을 가지고

내 안의 문을 열고 나갈 방법이 막막해질 때면

Nov.

19

자유는 많이 가지는 것보다는 쉽게 내려놓을 줄 아는 데서 시작된다.

20   년

20   년

20   년

20   년

20   년

20   년

20   년

20   년

20   년

20   년

남들보다 더 많이 고생하고 노력해야 한다.

남들보다 더 좋은 것을 갖고 싶다면

Nov.

21

미련을 남기지 않기 위해서는 하루하루를 충실히 채워나가야 한다!

그리고 자신이 가진 모든 것을 소중히 여기는 현명한 사람이 되어야 한다!

20 　　 년

20 　　 년

20 　　 년

20 　　 년

20 　　 년

20   년

20   년

20   년

20   년

20   년

Nov.

22

자기 자신을 의심하지 않는다.
절대 타인의 의혹과 비웃음에 의기소침해지거나
진짜 개성을 지닌 사람은

Nov.

23

자신의 삶을 빛나고 가치 있는 것으로 만들 수 있다.

꿈을 가진 사람만이 끝까지 분투해서

20   년

20   년

20   년

20   년

20   년

Nov.

24

그것이 내가 유일하게 잘하는 것이기 때문이다.

나는 습관처럼 또 잘될 거라며 열심히 일상을 살아간다.

20   년

20   년

20   년

20   년

20   년

정신없이 하루하루 살아내다가도, 죽음, 이라는 단어를 생각하라.

그렇게 다시 한 번 옷깃을 여미고 삶에 대한 자세를 돌아보라.

20   년

20   년

20   년

20   년

20   년

20   년

20   년

20   년

20   년

20   년

우리의 인생이며, 우리의 꿈이며, 우리의 미래이다.

문을 두드리지 않으면 열기 어려운 것이

Nov.

27

자신이 좋아하는 일을 하라. 다른 사람의 말은 신경 쓰지 말라.

이렇게 산다면 인생은 훨씬 단순해지며 당신이 느끼는 행복도 더욱 커질 것이다.

20   년

20   년

20   년

20   년

20   년

20   년

20   년

20   년

20   년

20   년

당신의 내적 변화, 외적 변화를 거쳐 성장하는 기쁨을 맛보라. **삶의** 변화를 즐겨야 한다. 그 속에서 인생의 의미를 찾고

Nov.

29

오롯이 나의 삶과 아름다운 인생을 살고 싶다면, '가짜 나'를 용납해서는 안 된다.

'진짜 나'로 살아가는 일이 절실히 필요하다.

20   년

20   년

20   년

20   년

20   년

20　　년

20　　년

20　　년

20　　년

20　　년

자신의 옹졸함을 털어 놓으면 더 큰 호감을 얻게 된다.

Dec.

1

길을 헤매는 원인이 나 때문이든 타인 때문이든 상관없다.

길을 헤맨다고 해서 인생이 실패한 것은 아니다.

20   년

20   년

20   년

20   년

20   년

20　　년

20　　년

20　　년

20　　년

20　　년

인생을 되돌아보는 능력을 키우는 데 큰 역할을 한다.

어떤 편견 없이 자신을 바라보고

혼자만의 시간은

Dec.

3

마음이 담긴 따뜻한 스킨십은 어설픈 위로보다 더 큰 위안과 안정감을 준다.

20   년

20   년

20   년

20   년

20   년

20   년

---

20   년

---

20   년

오늘도 감사한 하루가 선물로 주어졌다!

---

20   년

---

20   년

Dec.

5

민망한 행동, 부끄러운 말 들은 훌훌 털어버리고 더 나은 내일을 향해 나아가는 게 현명한 전략이다.

20   년

20   년

20   년

20   년

20   년

20   년

20   년

20   년

20   년

20   년

스스로를 위로하다 보면 후회의 순간도 나름의 의미로 다가온다.

행복해서 웃는 게 아니라 웃다 보면 행복해진다는 말처럼

Dec.

7

시간을 허비하지 않으면 시간을 짜낼 수 있고 아무리 많은 계획도 실현할 수 있다.

20   년

20   년

20   년

20   년

20   년

20   년

20   년

20   년

20   년

20   년

Dec.

8

'난 이것을 이겨낼 수 없을 거야.' 하는 나약한 마음이다.

우리를 힘들게 하고 불면에 빠지게 하는 것은

Dec.

9

우리는 한 단계 도약할 수 있다.

어떻게 실패를 마주할지, 어떻게 자신을 이겨 역경의 늪에서 벗어날지 알 때

20   년

20   년

20   년

20   년

20   년

20   년

20   년

20   년

20   년

20   년

당장 꿈을 적기 위해 노력하는 시간을 갖자.

지금도 당신만의 꿈의 목록이 명확하지 않다면

꿈은 나를 찾아가는 것이요 나를 완성하는 목표점이다.

Dec.

11

그 결과를 어떻게 수락하고 이해하느냐 하는 것이 인생의 승패를 좌우한다.

최선을 다 했지만 결과는 언제나 기대와 다른 게 인생이다.

20   년

20   년

20   년

20   년

20   년

20   년

20   년

20   년

20   년

20   년

우리의 꿈은 요원하지 않다. 행동만 한다면 말이다.
꿈을 현실화하는 유일한 방법은 주도적으로 행동하는 것이다.

Dec.

13

가장 현명하게 인생을 살아가는 방법이다.

매일 행복하고 기쁘게 살기로 결심하는 것이야말로

20   년

20   년

20   년

20   년

20   년

Dec.

14

20   년

20   년

20   년

20   년

20   년

자기비하에서 벗어나라!

그 순간 행복의 실마리를 잡을 수 있다.

Dec.
15

거친 지금의 내가 있는 것이다.

거친 세월에 꺾이지 않고 버텨낸 세월이 있기 때문에

20　　　년

20　　　년

20　　　년

20　　　년

20　　　년

20   년

20   년

20   년

20   년

20   년

적절한 지점에 만족하는 법을 배워야 한다.
자신의 능력치를 넘어서는 인생 목표를 세우지 말고
행복한 사람이 되고 싶다면

Dec.
17

분노하는 시간보다 행복한 미소를 띠는 시간을 늘려 가자.

마음속에 불필요하게 넘치는 부정적인 감정을 비우는 연습이 필요하다.

20   년

20   년

20   년

20   년

20   년

20   년

20   년

20   년

20   년

20   년

마땅히 주인공으로 존중받아야 한다.

오늘도 주어진 하루를 열심히 살아내는 사람은

Dec.

19

모든 불행한 사건은

불행하다고 생각하는 상황에서만 일어난다.

20   년

20   년

20   년

20   년

20   년